# Die Swanepoel oumas se resepte 1921 - 1970

**Marinus Swanepoel**

# Resepte van Susara en Susanna Swanepoel

# Voorwoord

Die Swanepoel oumas waarna hier verwys word is ouma Sarie en ouma Sannie.

Ouma Sarie (Susara Jacomina Isubella Bothma gebore 31 Desember 1896 te Vlakkraal in die distrik Prins Albert) was getroud met oupa Daan Swanepoel (Daniel Jan Hendrik gebore 3 Februarie 1898 te Weltevrede in die distrik Prins Albert ) Hulle het op die plaas Vredehof, ook in die distrik Prins Albert, 'n bestaansboerdery gehad. Liggaam en siel is aanmekaar gehou met skape, vrugte en groente.

Ouma Sannie (Susanna Magdalena Barnard gebore 17 Julie 1928 te Outeniqua in die distrik George) het getrou met ouma Sarie en oupa Daan se jongste seun Fanie (Stephanus Jacobus Swanepoel gebore 21 Oktober 1929 te Weltevrede). Hulle het mekaar in George ontmoet waar hulle by dieselfde losieshuis in Merrimanstraat loseer het. Oupa Fanie het gewerk as 'n vakleerling om 'n motorwerktuigkundige te word. Ouma Sannie het in 'n skoen fabriek gewerk.

Die resepte wat hier aangebied word kom uit ouma Sarie en ouma Sannie se resepteboeke. Hierdie resepte is na raming tussen 21 Februarie 1921 (toe ouma Sarie en Oupa Daan getroud is) en 1970 opgeskryf. Na my wete was nie een van die twee oumas eintlik bekend vir hulle kook - of bak vernuf nie. Die resepte is versamel as deel van hulle pogings om 'n lekkerny en 'n bederfie te maak. Dus is die resepte meesal vir koek, kleinkoekies, tert en konfyt. Hulle stapel voedsel was aartappels, rys en (skaap) vleis met 'n groente.

Die linker bladsy gee die resep oor die algemeen in hedendaagse mate (byvoorbeeld 15 ml in plaas van 1 eetlepel).

Die handelsname van produkte is ook waar moontlik uitgelaat. Die produkte wat in Engels beskryf is, is vertaal na Afrikaans. Die spelling van woorde is gelaat soos oorspronkilk behalwe waar dit verwarrend kan wees.

By sommige resepte word daar nie 'n metode aangegee nie. By ander word bestanddele gegee maar die metode maak geen melding van waar dit gebruik moet word nie. Dit lyk asof daar verwag is dat mens eenvoudig gesonde verstand moet gebruik. Die bestanddele word deurgaans op die linker bladsy gelys, ook waar die bestanddele deel vorm van die metode is die bestanddele uitgelig en in die lys op die linker bladsy aangedui om dit eenvormig te hou.

Die regter bladsy gee die oorspronklike resep. Sommige bladsye is erg verweer en plek-plek onleesbaar, so daar is ook 'n mate van raai werk betrokke by die herskryf van die resepte. Soms is daar vrymoedigheid geneem om die woordorde te verander en ook woorde by te voeg wat die metode duideliker maak. By sommiges ontbreek die metode heeltemal.

Dit is ook duidelik dat dit nie alleen ouma Sarie en ouma Sannie was wat die resepte opgeskryf het nie. Die handskrif in die boeke is nie altyd dieselfde nie. Dit mag wees dat sommige resepte deur vriendinne vir hulle neergeskryf is. Dit lyk ook asof ouma Sannie 'n paar resepte in ouma Sarie se boek geskyf het te oordeel aan die handskrif.

Daar is ook 'n paar boere-rate opgeteken.

Laastens; die voornemende kok wat die resepte wil gebruik moet dit met omsigtigheid doen.  Die resepte word ongetoets aangebied. Dit sorg dalk vir 'n onverwagte kulinêre avontuur!

Marinus Swanepoel

# Inhoudsopgawe

## Drankies



## Konfyt



## Poeding resepte

# Klein koekies

# Grootkoek

# Terte

# Algemeen

# Gemmerbier

| | |
|---|---|
| 9 liter Koue water | 1 kg Suiker |
| 30 ml Fyn gemmer | 10 ml Kremetart |
| 5 ml Wynsteensuur | 15 ml Lemoen olie |
| 15 ml Droë gis | |

# Kanadese leer koek

| | |
|---|---|
| 375 ml Koekmeel | 250 ml Suiker |
| 125 ml Melk | 10 ml Bakpoeier |
| 2.5 ml Sout | 5 ml Vanilla ekstrak |
| 2 Eiers | |

Metode: Klits die suiker, melk en geklitste eiers goed deur mekaar. Sif die meel, bakpoeier en sout saam, roer stadig in, laaste die ekstrak. Bak dadelik in 'n matige oond, die deeg kan in twee gedeel word om kleursel in een deel te sit

# Ryk tert deeg

| | |
|---|---|
| 2 koppies Koekmeel | 2.5 ml Bakpoeier |
| 2.5 ml Sout | 150 ml Botter of vet |
| Koue water | |

Metode: Sif die bakpoeier, meel en sout saam, vrywe die helfte van die botter liggies met die punte van die vingers in, maak stywerig aan, deel in twee, rol die een helfte uit en sit in klein…

## Gemmer Bier.

neem 12 bottel koue water 2en½ lb wit
suiker twee eet lepels fyn Gemmer,
½ pakkie kriemetat, ¼ pakkie toatarik acid
1 eet lepel lamoen olie 1 eet lepel ou
suur deeg.

## Kannadese leër Koek.

1½ koppie fyn meel. 1 Koppie Suiker.
¼ „ melk. 2 Tee lepels Royal bakpoeier
¼ tee lepel sout 1 tee lepel Vanilla.
2 eiers.

### Metode.

klits die suiker melk en geklitste eiers
goed deur mekaar, sif meel bakpoeier sout
saam roer stadig in. laaste die extrak
bak dot lik in matige oond, die deeg
kan in twee ge deel word om klapper
sel in een deel te sit.

### Ryk tert deeg

2 koppies fyn meel, ½ tee lepel Royal bakpoeier
½ tee lepel sout. ⅓ koppie botter of vet, koue water,
sif bak poeier meel en sout saam, vrywe die
helfte van die botter liggies met die punte van
die vingers in, maak styf reg aan, deel
in twee, rol die helfte dit sit in klein

…stukkies van die orige botter, vou die kante in en rol weer uit, druk af vir klein tertjies of sit in 'n pan en sit vulsel in, rol die orige dan uit om bo-oor te sit.


## Royal skulp tertjies

2 koppies Koekmeel
10 ml Bakpoeier
2.5 ml Sout
60 ml Botter of vet.

Metode: Maak aan met yskoue water


Meng

Swawel met suiker fyn gemaak, dis goed vir keelseer.

Stukkies van die orige botter,

van die kante in en rol weer uit, druk
af ver klein tertjies. of sit in 'n pan en
sit vulsel in, rol die orige deeg dan
uit om bo oor te sit.
Royal Skulp tertjies.
2 koppies fyn meel, 2 tee lepels royal bak
poeir, ½ tee lepel sout; 4 eet lepels botter
of vet, maak aan met yskoue water.

meng

Swawel met suiker, vyn ge
maak dis goed vir keel seer

# Versiersuiker

Om wit of gekleurde versiersuiker te maak:
1 en 1/2 koppie Versiersuiker      2.5 ml Botter
30 ml Warm melk          2.5 ml Vanielje ekstrak

Metode: Roer die botter in die warm melk, dan die
versiersuiker tot dit styf genoeg is om te smeer, gooi die
vanielje in. Vir pienk versiersuiker voeg 15 ml aarbei of
enige ander vrugtesap, of cochineal. Vir geel kan 5 ml
eiergeel bygevoeg word.

Nota: Lees meer oor die gebruik van cochineal by https://
www.smithsonianmag.com/innovation/scientists-are-
making-cochineal-a-red-dye-from-bugs-in-the-
lab-180979828/

Ouma Sarie en Oupa Daan met hulle drie kinders:
Fanie, skoonseun Dan, Sally en Piet. Kleindogter Ursla
op oupa Daan se skoot. Ongeveer 1948

Om wit of ge kleurde glasuur aan te maak
1½ koppie ver sier suiker 2 eet lepels warm melk
½ tee lepel botter, ½ tee lepel vanilla extrak
roer die botter in die warm melk dan die ver
sier suiker tot dit styf ge nog is om
te smeer gooi die vanilla in,
vir pink glasuur voeg een eet lepel arbei
enige ander vrugte sap, of Cochenul.
ver geel kan n tee lepel sier geel by ge
voeg word,

## Asyn poeding

1 en 1/2 koppie Meel          3/4 koppie Suiker
2.5 ml Fyn gemmer             15 ml Botter
1 Eier                        2.5 ml Koeksoda
30 ml Appelkooskonfyt of stroop

Kooksous:
1 en 1/2 koppie Water
60 ml Asyn
200 ml Suiker

Metode: Laat die sous kook, maak die deegmengsel aan, gooi in die bak kokende sous, sit in die stoof om te bak. Gebruik taamlike groot skottel, dis 'n groot poeding.

## Haastige poeding

2 koppies Koekmeel           1 koppie Suiker
3/4 koppie  Melk of water    15 ml Botter of vet
2 Eiers geskei               15 ml Bakpoeier
Appelkooskonfyt

Metode: Meng suiker en botter, voeg geel van eier by, roer deeglik. (Meng melk of water by) Meng droë bestanddele een-vir-een by, bak in 'n skottel in 'n matige oond. Sit appelkooskonfyt bo-oor. Klop wit van eier styf konfyt bo-oor, klop wit van die eiers sit suiker in, sit (mengsel) oor, sit weer in die oond.

'n goeie poeding.

1½ koppie Meel.
¾ „ Suiker
½ tee lepel fyn Gemmer.
1 eet lepel botter.
2 „ „ appelkoos konfyt of stroop.
1 eier.
¼ pakkie Soda

### Kook Sous.

1½ koppie water.
¼ „ asyn
¾ „ Suiker

Laat die sous kook. Maak die deeg –
Mengsel aan, gooi in die bak kokende
sous, sit in die Stoof om te bak.
gebruik taamlike groot Skottel dis
'n groot poeding.

---

### Haastige poeding.

2 koppies fyn Meel.
1 „ Suiker.
¾ „ Melk of water.
1 lepel botter of vet.
2 eiers.
1 lepel bakpoeier.
'n knippie Sout. –

metode
Meng Suiker en botter.
voeg geel van eier by.
roer deeglik. Meng drö
bestandeele een vir ee
by. bak in 'n Skottel
in Matige oond.
Sit appelkoos konfyt bo
oor. klop wit van eier
styf Sit Suiker in dit

## Skurwe Jantjies

2 koppies Koekmeel
2 koppies Klapper
2 koppies Hawermout
2 Eiers
50 ml Goue stroop
7 ml Koeksoda
125 ml Botter
250 ml Suiker
5 ml Sout

Metode: Meng al die droë bestanddele, meng suiker,
botter, voeg by eiers, stroop en koeksoda, as alles in is,
vorm ronde balletjies en bak tot lig bruin.

Ouma Sannie en Oupa Fanie, ongeveer 1952

Skurwe Jantjies.

2 Koppies meel   Koek meel
2   "   slappe
2   "   oats!
2 eiers,
3 eetlepels gouestroop
1 groot teelepel koeksoda.
½ koppie botter,
1 koppie suiker
     Meng wel die droë bestanddele
meng suiker, botter, voeg by die
stroop en koek soda en alles ...
... rondé balletjies ... bak tot ...
bruin      1 teelepel Sout

# Water suiker brood (1)

4 Eiers (met geel en wit) apart geklits
2 koppiesl Meel
2 koppies Suiker
240 ml Water
5 ml Bakpoeier
1 knippie Sout

Metode: Klits die helfte van die water by die eiergeel, klits
dan die suiker in. Voeg die res van die water by, meng
dan stadig en laaste die droog geklitste wit, kan bietjie
lemoen ekstrak of vanilla in sit.

Oupa Daan en ouma Sarie in hulle
Sondag-klere. Ongeveer 1966.

Water Suiker brood.

4 Eiers apart ge klits
2 Kopies Meel
2 ,,, Suiker
8 eet lepels water.
1 tee lepel bak poeier.

Metode

4 lepels water klits by die geel
dan die suiker daar by
weer 4 lepels water.
dan stadig die meel en n knippie sout
dan die bak poeier, laaste die droog ge
klitste wit. Kan bietje lamoen essens
of „Vanilla in sit,

# Die jaar se lemoen (konfyt) resep

10 Lemoene, fyn gesnipper
6 Nartjies
Suiker (dieselfde hoeveelheid as wat die opgekookte
    snippers meet, plus nog 250 ml)
3 liter en 750 ml water
Klein bietjie sout

Metode: Kook 80 minute. Sit af om af te koel. Meet
gekookte snippers (as) koppies vol. (Voeg die) Suiker (by
met) gelyk (vol koppies) op met dieselfde hoeveelheid (as
wat) die gekookte snippers (gemeet het) plus nog 1
koppie suiker en ('n) stuk of 6 nartjies, nerf af getrek en
stukkend gedruk, dit kom ook by, dis pragtig lig.

Toorkop se berg afge-ets met 'n skouspelagtige
sonsondergang op Vredehof

Die paas se lamoen resep,
10 lamoene, vyn ge snipper
15 koppies water ½ klein bietje sout
kook 30 mint. sit of om af te koel.
meet ge kookte snippers koppies vol
suiker ge lyk op met die hoe veel heid
ge kookte snippers X nog 1 kop suiker,
en stuk of 6 nartjies nerf af ge trek
en stukkend ge druk dit kom ook bry,
dis prag tig,

# Poeding resepte

## No. 1 Plum poeding

| | |
|---|---|
| 4 koppies Koekmeel | 2 of 3 Eiers |
| 30 ml Botter of vet | 7 ml Koeksoda |
| 250 ml Rosyne | 375 ml Suiker |
| 250 ml Appelkooskonfyt | |

Die sous: Neem kookwater en suiker, sit in speserye na smaak, kook vir 'n goeie ruk, kan ook bietjie Mazina bygevoeg word, ook 'n lepel wyn is lekker vir smaak.

## No. 2 Nuwe metode van jellie maak

| | |
|---|---|
| 1 pakkie Jellie | 1 koppie Melk |
| 1 koppie Koue water | 3 Eiers, geel en wit geskei |

Metode: Maak die jellie met koue water aan. Klits die geel van 3 eiers, gooi dit in die jellie, kook 250 ml melk vir 1 pak jellie, gooi dit daarin, klits die wit van die eiers goed droog, sit suiker daarin, gooi die twee mengsels deur mekaar, laat staan om koud te word

## No. 3 Mazina poeding

| | |
|---|---|
| 2 Eiers | Suiker |
| 750 ml Melk | Kaneel |
| 60 ml Mielieblom | 5 ml Botter |
| 5 ml Vanielje ekstrak | |

Metode:  Klits twee eiers goed, kook 3 koppies melk, neem 4 lepels mielieblom maak aan met (oorblywende) koue melk, sit suiker in na smaak, ook kaneel, kook paar minute. Eet met vla as koud is. Sit stukkie botter ook in, bietjie ekstrak.

# Poeding reseppe

no 1  plum poeding
4 koppies fyn meel, 2 eet lepels
Botter of vet. ½ koppie Rosyne,
1½ koppie Suiker 2 of 3 ies ½ pak
Soda, 1 koppie aperkoos konfyt,
(die sous) neem kook water, Suiker,
sit in spesery na smaak, kook n
goeie ruk, kan ook bietje mazina by ge
voeg word ook n lepel wyn is lekker ver
smaak.

no 2  nuwe metode van jellie maak,
maak die jellie met koue water aan
klits die geel van 3 eiers, gooi dit
in die jellie, kook 1 koppie melk ver
1 pak jellie, gooi dit daar in,
klits die wit van die eiers goed droog
sit suiker daar in, gooi die twee
mengels deur mekaar, laat staan
om koud te word.

3.  mazina poeding.
klits twee eiers goed, kook 3 koppies
melk, neem 4 lepels mazina maak
aan met koue melk, sit suiker in na
smaak, ook kaneel, kook vaar hulube
eet met vla as koud is.
sit stukkie botter ook in, bietje essens

jiffy poeding
poens;

# Gebakte Maziko poeding

Nota: Dit blyk dat maziko 'n handelsnaam was vir 'n "corn flour" wat 'n mieliemeel is met 'n fyn tekstuur. Dit is nie mielieblom nie.

| | |
|---|---|
| 60 ml Fyn mieliemeel | 5 ml Vanielje ekstrak |
| 60 ml Suiker | 60 ml Appelkooskonfyt |
| 500 ml Melk | Botter |

3 Eiers, geel en wit apart geklits (5 ml suiker by die wit)

Metode: Meng die mieliemeel en suiker en kook met die melk, maak dit eers met 'n bietjie koue melk aan, roer dit in die kokende melk in.  Roer goed op die vuur vir omtrent 8 minute, neem die goed geklopte geel van die eiers, 'n stuk botter en vanielje ekstrak en roer by die mengsel. Gooi in gesmeerde vorm, bak stadig tot styf is, haal uit en sit appelkooskonfyt oor en dan die droog geklopte wit van die eier.  Steek weer in die oond om lig-bruin te word. Eet vla by.

# Nasionale poeding

| | |
|---|---|
| 2 koppies Koekmeel | 10 ml Bakpoeier |
| 30 ml Botter | 60 ml Appelkooskonfyt |
| Sout na smaak | 300 tot 500 ml ml Suiker |
| 5 ml Vanielje ekstrak | 750 ml Kookwater |
| 2 Eiers (Geklits met 50 ml water) | |

Metode: Vryf  die meel, bakpoeier en sout en 15 ml botter saam. Meng goed met die eier mengsel.  Rol uit en smeer met appelkooskonfyt. Vou toe in 4 (vou dubbel en weer dubbel) en bak in pastei-skottel in die stroop van suiker en 3 koppies kookwater, 15 ml botter en 5 ml vanielje ekstrak. Bak vir 1 uur.

Gebakte Maizeko poeding.

neem 4 eet lepels maizeko en 4 „ Suiker
kook 2 koppies melk, maak eers met
bietje koue melk aan, roei in die kook
melk     's goed op die vuer ver ontrent 3
m'n't, neem die goed ge klopte geel van
eiers in stuk botter 1 tee lepel vanilj
Roer in die gaar maziko, gooi in ge
smarde vorm, bak stadig tot styf
is, haal uit sit aperkoos jem oos en
dan die droog ge klopte wit soet ge
maak, steek weer in oond om lig
bruin te word.
       let Vla by.

no 4.   nasionale poeding.
2 koppies flour, 2 eiers, 2 tee lepels
Royal bahpoeie, 1 eet lepel botter
vryf die meel bak poeie en sout oh botter
saam, meng met goed ge klopte eiers
ook n bietje water
rol uit en smeer met aprekooskonfyt
vou toe en rol 4, en bak in pastij
skottel met 2 koppies suiker en 3
koppies kook water 1 lepel botter en 1 tee
lepel vanilla extrak. bak en uur

# Bonsies

170 gr Botter of vet
60 gr Versiersuiker
Sout na smaak
1 en 1/4 koppie Meelblom
85 gr Vlapoeier
10 ml Bakpoeier

Metode: Druk die botter of gemengde vet fyn met 'n lepel
en voeg by die versiersuiker, klop tot dit goed sag is, sif in
die meel, vlapoeier, sout en bakpoeier, meng alles. Knie
dit goed met die hande soos vir brood, neem klein
stukkies, ongeveer 'n teelepel vol, rol in ronde balletjies.
Maak elkeen effens plat en druk twee keer met 'n vurk se
tande oorkruis daar om 'n patroon daarop aan te bring.
Sit op 'n oondplaat, nie te naby mekaar nie en bak vir 10
of 15 minute in 'n matige oond.

# Klapper koekies

1 kg Meel
500 gr Botter of gemengde vet
250 ml Klapper
30 ml Bakpoeier
1 kg Wit suiker
Melk

Metode:  Maak aan met melk, die deeg moet nie te styf
wees nie, sit met 'n teelepel in 'n gesmeerde pan.

Rousies

4 onse botter of vet, 2 onse versier suiker
bietje sout. 1 en ½ koppie meel blom, 3 onse
vlae poeier n ⅔ Koppie 2 ge lyk tee lepels
al bakpoeier.

Metode

Druk die botter of gemengde vet fijn met ..
en voeg by die versier suiker, klop tot dit goed
sag is, sif in die meel vla poeier sout bakp..
meng alles knie dit goed met die hande
nes ver brood, neem klein stukkies ongeve..
n tee lepel vol. roll in ronde balletjies
maak elk een effens plat en druk hie..
met n vurk se tande oor kruis daar ..
om n patroon daer op aan te breng sit
n oond plaat nie te na by me kaar ..
en bak vir 10 of 15 minute in n matige oon..

Klapper koekies.
4 lb meel, 1 lb Botter of gemengd..
1 klein koppie Klapper.
6 tee lepels bak poeier, 2 lb wit suiker
maak aan met melk, die deeg moet nie
styf wees nie sit met n tee lep..
in n gesmeerde pan.

# Karen melk (Karringmelk) koek

3 koppies Meel    2 koppies Suiker
4 Eiers geskei    15 ml Bakpoeier
3 - 4 koppies Karringmelk
'n bietjie fyn Nartjieskil

Metode: Die geel van die eiers goed geklop, voeg dan die suiker, dan die melk, dan die droog geklopte wit van die eiers, dan die meel en bakpoeier by.  Roer goed en bak dadelik.

# Mev Bosman (se koek)

3 koppies Fyn meel   15 ml Botter
1 en 1/2 koppie Suiker  3 Eiers
5 ml Koeksoda    5 ml Kremetart
5 ml Lemoen ekstrak  Melk
Sout na smaak

Metode: Maak aan met melk

# Veer koek

1 en 1/2 koppie Suiker  3 koppies Meel
2 Eiers      1 koppie Melk
20 ml Botter    10 ml Bakpoeier

Metode: Meng die botter, suiker en geklopte geel van die eiers tot dit sag is en roer die meel en melk beurtelings daarin en die ekstrak. Laaste die droog geklopte wit van die eiers. Bak stadig vir 1 uur.

### Karen Melk koek

3 koppies meel, 2 koppies suiker
3¼ koppie karren melk, n bietje fyn
nartje skil 4 eiers die geel goed ge
klop dan die suikers dan die melk
dan die droog ge klopte wit dan
die meel, en 3 klein tee lepels bak poei
roer goed en bak dadelik

### mev Bosman

3 koppies fyn meel 1½ suikers, 1 lepel
botter 3 eiers 1 tee lepel soda, 1 tee
lepel Kremetat tee lepel lemoen, n
bietje sout. maak aan met melk.

### Veer koek.

1½ koppie suiker 3 koppie meel, 2
1 koppie melk goeie lepel botter
2 tee lepels bak poei n bietje es
meng die botter suiker en ge klopt
van die eiers, tot dit sag is roer
meel en melk beurte lings daar in
en die extrak, laaste die droog ge klop
wit van eier, bak stadig ver war.

## Sider

1 pakkie Jellie                          1 l Kookwater
2 koppies Suiker                         5 ml Wynsteensuur

Metode: Los jellie en suiker op in die kookwater, roer die wynsteensuur by. Drink koud.

## Water suiker brood (2)

180 ml Water                            2 koppies Meel
5 ml Bakpoeier                          2 koppies Suiker
4 Eiers (wit en geel apart geklop)

Metode: Gooi die suiker by die eiergeel dan 120 ml water, roer tot dit gesmelt is, dan bietjie meel en weer 60 ml water, weer meel dan die bakpoeier, laaste die wit van die eiers.  Bak stadig.

## Jam roll

45 ml Meel                              4 Eiers
45 ml Suiker                            10 ml Bakpoeier

## Lemoenkonfyt (1)

6 Lemoene                               1.5 l Water
Suiker                                  2 Nartjies

Metode: Vee die lemoene of rasper die skil af.  Snipper fyn en kook in die water vir 15 minute. Laat eers koud word. Sit paar nartjies ook in, die nerwe afgetrek. Neem nou vir elke koppie snippers 1 koppie suiker.

Sider

1 pakkie jillie, 2 koppies suiker
4 koppies kook water 1 tee lepel tartaric
acid,

Water Suiker brood.
4 eiers apart ge klop.
8 eet lepels water, 2 koppies meel
2 koppies suiker, 1 tee lepel Royal bakpoeier
gooi die suiker in die geel, dan 4 lepels
water roer tot dit gesmelt is, dan bietjie
meel in weer 4 lepels water, weer meel dan die
bak poeier, laaste die wit van eiers
bak stadig.

Jam roll.

3 lepels meel, 3 lepels wit suiker
4 eiers 2 tee lepels bak poeier.

Lamoen konfyt.
6 lamoene, vee of raspe af, snipper
fyn, neem ver elke lamoen 2 koppies
water, kook ver 15 minute laat eers koud
word dit paar naggies ook in die nef af
ge trek, neem nou ver elke koppie snippers
1 koppie suiker.

# Die ligte stoom poeding

175 ml Botter
600 ml Meelblom
Knippie sout
5 ml Lemoen geursel

250 ml Suiker
16 ml Bakpoeier
4 Eierwitte

Metode: Klits die botter en suiker tot romerig, voeg die melk by. Sif die meel en bakpoeier saam, roer by die mengsel in, dan die styf geklopte eierwitte.  Stoom vir 1 uur.  Bedien met warm sjokelade sous.

# Earnius poeding

(6 lepels = 90 ml)
6 lepels Konfyt
6 lepels Meel
5 ml (koek)Soda

6 lepels Suiker
6 Eiers

Metode: Maak goed deurmekaar, stoom in 'n blik of kommetjie vir 2 uur.

# Vulsel vir koeke

250 ml Melk
15 ml Kakao
Mielieblom

175 ml Suiker
15 ml Botter
5 ml Vanielje ekstrak

Metode: Kook die bestanddele saam. Wanneer dit goed deurmekaar is, maak dik met mielieblom en voeg vanielje by. Laat goed koud word, smeer tussen die koek en druk op mekaar.

sien in Royal koek boek bladsy 38 en 39 ver
poeding sous resepte.

### die ligte Stoom poeding

½ koppie botter, 1 koppie suiker, ½ melk
2 en ½ meel blom, 3-½ tee lepel bakpoei
bietje sout, 4 eiwitte, lamoen geursel
klits tot room die botter en suiker
dan melk en meel, saam ge sif met bak
poeier, dan die styf ge klopte ei witte
stoom ver 1 uur.
bedien met warm Sjokelade Sous?


### Earnins poeding

6 lepels Konfyt.
6  „      Suiker.
6  „      Botter. 6 lepels meel.
6 eiers,  1 tee lepel Soda
maak goed deur mekaar
   stoom in blik of kommetjie
   ver 2 uur.
Fulsel ver koeke
Kook deur mekaar 1 koppie melk met
halwe koppie suiker, 1 tavel lepel Kakao
1 lepel botter, wanneer dit goed deur me
kaar is, maak dik met maizena
bietje Vanilla en laat goed koud word
smeer tussen die koek en druk op me kaar,

# Wit laag koek

125 ml Botter
200 ml Suiker
125 ml Koue water
375 ml Meelblom
10 ml Bakpoeier
10 ml Kremetart
3 Eiers se wit
3 ml Vanielje of amandel ekstrak

# Geel koek met geel van eier

45 ml Botter
200 ml Suiker
3 Eiers se geel
3 ml Geursel of lemoenskil
125 ml Melk
375 ml Meelblom
15 ml Bakpoeier

# Ligte klapper koek

375 ml Meelblom
180 ml Suiker
180 ml Melk
15 ml Bakpoeier
125 ml Gedroogte klapper
60 ml Gesmelte botter
3 ml Suurlemoen ekstrak
1 Eier
2 ml Sout

Metode: Versier met water glasiering

# Wit Laag Koek.

½ koppie Botter
¾ " Suiker
½ " koue water
1½ " meel blom.
2 tee lepels bak poeier
die wit van 3 eiers
½ tee lepel vanilla of amandel esens

Geel koek met geel van eier

3 eet lepels butter
3¼ koppie Suiker, geel van 3 eiers
½ tee lepel geursel of la mosen ok
½ koppie melk
1½ " meel blom
3 tee lepels Royal bak poeier

ligte klapper koek
1½ koppie meel blom.
¾ " Suiker
¾ " melk.
3 tee lepels royal bak poeier
½ koppie ge droogte klapper
4 eet lepels gesmelte botter
½ lepel snes labroen esens
1 eier ¼ tee lepel sout
vars peer met water glasuuring en

# Korslose melktert

1 l Melk
1 koppies Meelblom
1 koppies Suiker
5 ml Bakpoeier
30 ml Botter
3 Eiers, wit en geel geskei
5 ml Vanielje ekstrak
Knypie sout

Metode: Klits die eierwitte styf. Smelt die botter en meng met die eiergele. Voeg bakpoeier by meelblom en sif dit by die eiermengsel. Voeg dan die melk en vanielje by en klits baie goed met die eierklitser. Vou nou die styf geklitste eierwitte in en roer goed deur. Gooi mengsel in twee vuurvaste bakke en bak 'n halfuur lank.

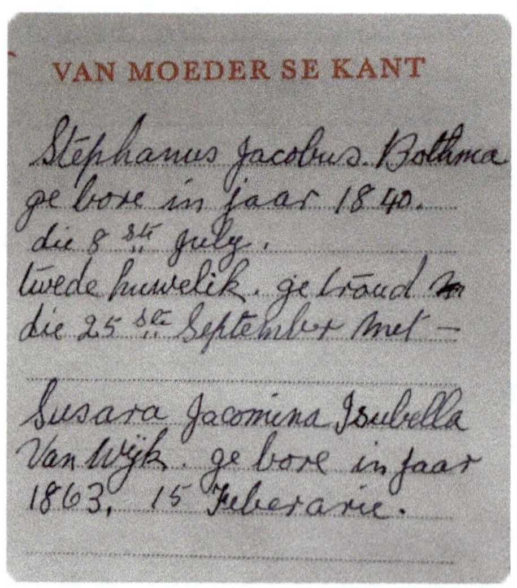


Ouma Sarie is uit 'n tweede huwelik gebore

29

# Korslose melktert

4 kop melk
1 " meelblom
1 " suiker
1 teel. B.P. hoëvol
2 eetl. botter
3 eiers, geskei.
1 teel. Vanilla
  Knypie sout.

Klits die eierwitte styf
Smelt botter en meng met suiker
en eiergele.
Voeg B.P. by meelblom en sif dit
by die eiermengsel. Voeg dan die
melk en Vanilla by en klits baie
goed met 'n eierklitser. Vou nou
die styfgeklitste eierwitte in en
roer goed deur. Gooi mengsel
in twee vuurvaste bakke en
bak 'n halfuur lank.

# Ystervarkies

4 koppies Meelblom
2 koppies Suiker
1 koppie Botter
4 Eiers
20 ml Bakpoeier
Knypie sout
450 ml Melk

Metode: Klits suiker en botter tot room. Voeg eiers een-vir-een by en klits goed. Sif meelblom, bakpoeier en sout saam en voeg dit om die beurt met die melk by.
Maak aan nie te styf nie, amper soos 'n botterkoek. Gooi in gesmeerde panne. Dit moenie te dik wees nie. Bak tot mooi bruin en laat afkoel. Sny dan in vierkante, nie te groot nie. Sit dit in die volgende stroop:....

Bladsy 33

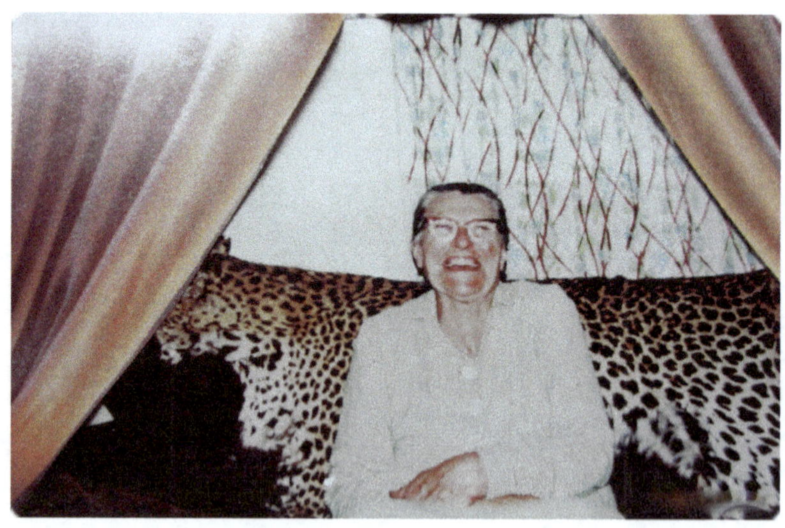

Ouma Sarie

Ystervarkies

4 kop meelblom
2 t, suiker
1 „  botter
4 eiers
4 teel B P
  Knypie sout
1¾ kop melk.

Klits suiker en botter tot room
Voeg eiers een vir een by en klits
goed. Sif meelblom, B.P + sout
saam en voeg dit om die beurte
met die melk by.
Maak aan nie te styf nie aupte
soos 'n botterkoek. Gooi in gesmeerde
panne. Dit moenie te dik wees
nie Bak tot mooi bruin en
laat afkoel. Sny dan in
vierkante, nie te groot nie
sit in die volgende stroop

3 koppies Suiker
375 Kookwater
60 ml Kakao
15 ml Botter

Metode: Meng suiker, kookwater en kakao in 'n kastrol.
Laat net opkook. Trek van hitte af, maar die stroop moet
warm bly. Gooi nou die blokkies een-vir-een in die stroop
en haal dadelik uit, laat stroop afdrup. Rol in die klapper.
Plaas op draadrak en as dit droog is kan dit in blikke
weggepak word. Die deksels moet nie te styf toe wees
nie.

Oupa Daan en ouma Sarie met hulle twee seuns, Piet
links en Fanie regs, tussen hulle staan ouma Sannie se
ma, Maggie Barnard (gebore Marais). Ongeveer 1952

3 kop. suiker
1½ " Kookwater
4 eetl. Kakoa.
1 eetl. botter

Meng suiker, Kookwater en Kakoa
in 'n Kastrol. Laat net opkook.
Trek van hitte af. Waar die
stroop moet warm bly. Gooi nou
die blokkies een vir een in
die stroop en haal dadelik
uit laat stroop afdrup. Rol
in Klapper. Plaas op draadrak
en as dit droog is kan dit
in blikke weggepak word.
Die deksels moene styf
toe wees nie.

# Tert resep

125 ml Botter
1 koppies Suiker
4 koppies Meelblom
20 ml Bakpoeier
5 ml Vanilla ekstrak
4 Eiers
Knippie sout
Appelkooskonfyt

Oupa Daan, laat middag in die vrugteboord.
(Foto: Leon Martin)

Metode: Klits botter en suiker tot room. Voeg die goed
geklitste eiers by, sif meel en bakpoeier saam met 'n
bietjie sout, voeg by die mengsel en rol dun uit. Sit
appelkooskonfyt op, maak toe, sit op gesmeerde pan,
bak tot ligbruin.

Tart resep

½ Koppie botter
1 ... Suiker
4 ... meel blom
4 Tee lepels bakpoei
1 ... ... Vanilla
4 eiers

Metode
Klits botter en suiker tot-
room
voeg goed ge klitste eiers by
sif meel en bakpoei daar
bietjie sout, voeg by die mengsel
en rol dun uit. hit afbel poo poo
... en maak toe, sit op ge smeerd
pan bak tis bruin

## Hoe om groenbone in te lê

4 x 1l glas flesse vol gekerfde bone
30 ml Sout
30 ml Suiker
60 ml Asyn

Metode: Gooi die bone in 'n kastrol, en gooi toe onder die water. Gooi die suiker en sout daaroor, roer om, kook dit 15 minute vanaf dit begin kook. Gooi nou die asyn by en kook nog 10 minute, en terwyl dit aan die kook bly skep in die warm bottels. Skep vol kookwater en kurk dadelik toe.

Wanner dit gebruik word, spoel goed af, en kook soos gewone groenbone gekook word.

## Outydse rosyne poeding

6 koppies Meel
500 gram Rosyne
500 gram Sultanas
Bietjie gemengde kruie
Bietjie gemengde skil
1 kg Kunsbotter
Sout na smaak
Sterk swart koffie

Metode:  Maak aan met die koffie.

hoe om Groen boone in te Lê

neem ± 2 pond vlesse vol ge kerfde boone
gooé in n Kastrol, en gooé toe oner
water, gooi nou 2 eet lepels vol Sout en
twee eet lepels vol Suiker daar oor roer
Om, kook dit 15 mynite van af dit begin
kook. gooé nou ½ koppie asyn in kook nog
10 minite, en ter wyl dit aan die kook bly,
skep in die warm bottels Skep vol kook water
en kurk dadelik toe.
    wanneer dit ge bruik word
Spoel goed af, en kook soos ge
woone groen boone ge kook word.
(ou tydse rosyne poeding)
6 kopies meel, 3 kopies suiker
1 pond rosyne 1 pond sultanas
bietjie ge mengde kruie ge mengde
skil 2 pond margareen
  Sout na smaak maak aan met sterk
Swart koffie.

## Lemoenkonfyt (2)

6 Soet-lemoene
6 Suur-lemoene
Sout
13 koppies Suiker
3 l Water

Metode: Skil die lemoene, druk die sap uit en haal die
pitte uit. Sit, terwyl dit geskil word, die stukke in sout
water, as dit klaar geskil is, snipper fyn en gooi 3 liter
water daarop in die kastrol. Kook tot saf, of so 20 mijnute,
gooi die suiker in, en kook tot stroop dik genoeg is, as dit
getoets word.

## Nog 'n lemoen (konfyt) resep

9 Soet-lemoene
1 Suur-lemoen
13 koppies Water
Suiker

Metode:Snipper die lemoene fyn nadat dit afgeskil is.
Gooi 13 koppies water daarop en kook tot dit saf is, gooi
in 'n enamel skottel uit om koud te word. Meet met 'n
koppie, neem vir elke koppie pulp 1 koppie suiker. Kook
tot die stroop dik en jellie-agtig is as dit getoets word.

## Lamoen konfyt

6 Soet lamoene 6 suur lamoene
af ge skil, sny deur druk sap uit en
haal pitte uit, sit tes wyl dit ge skil
word, die stukke in sout water, as dit
klaar geskil is, snipper vy, goai
12 koppies water daar of, in die Kastrol
Kook tot saf, of so 20 mint, gooi 13 -
koppies suiker in, en kook tot die
stroop dik genoeg is, as dit getoets
word,

nog n lamoen, resep
9 soet lamoene 1 suur lamoen, vy
ge snipper, as die lamoen ge skil is
gooi 13 koppies water daar of, kook
tot dit saf is, gooi in aanmaak sk-
ottel uit om koud te word,
meet met n koppie, neem vir elke
koppie pulp 1 koppie suiker,
kook tot die stroop dik en jellie
agtig is as dit ge toets word,

# Kakao koekies

125 ml Kakao of 10c sjokolade (vandag, in 2022, is dit
seker 'n R20.00 sjokolade staaf)
250 gr Botter
2 koppies Suiker
125 ml Melk
3 koppies Hawermout
1 koppie Klapper
10 ml Vanielje ekstrak

Metode: Kook die kakao, botter, suiker en melk saam vir 5
minute. Haal van die stoof af en roer die hawermout,
klapper en vanielje by. Skep teelepels vol in 'n gesmeerde
plaat. Laat afkoel en pak in 'n blik.

Cocoa Koekies.

Kook saam vir 5 minute.

½ kop. Kokoa of 10° chocalate.
¼ lb. botter
2 kop. suiker
½ kop. melk.
    haal af van stoof en voeg.

3 kop. oats. (jungle)
1 kop. klapper.
2 teel. Vanilla essens.

Skep teel. vol in gesmeerde plaat.
laat afkoel en pak in blik.

# Makataankonfyt

9 kg Makataan skil
15 ml (gebluste) Kalk vir elke 4 liter water
Soutwater
7 kg Suiker
7.5 l Water

Oupa Daan by 'n paar van sy skape

Metode: Sy die skil in 2-3 cm stukke en sit oornag in kalk
water. Die stukke kan ook geprik word met 'n vurk voordat
dit in die kalk water gesit word. Maak genoeg kalk water
om al die stukke te bedek. Spoel die volgende môre af in
sout water, gooi die water af. Gooi die suiker en 7.5 l
water op die stukke en kook tot die stroop dik genoeg is.

Kaffer watlemoen –
neem 20 lb skil
Sit oor nag in Kalk water, twee lepels
Kalk vir ½ gelln water
spoel volgend More af in Sout -
water. gooi die Wt. af, neem 15 lb suiker
en 30 Koppies water op die stukke en Kook
tot die stroop dik genoeg is,

44

## Lepel poeding

4 lepels Meel
4 lepels Suiker
4 lepels Botter
4 lepels Konfyt
4 Eiers wit en geel apart
5 ml Bakpoeier

Metode: Klits die geel van die eiers goed met die suiker
en botter, dan die konfyt en meel, dan die wit van die
eiers, klits laaste die bakpoeier by.  Eet met 'n wyn sous.
Dit word 3 ure gekook in 'n doek of vorm.

(Vermoedelik word die deeg in 'n doek toe geknoop wat
dan aan 'n houtlepel gehang word, dwars oor die kastrol
sodat die doek met deeg in die kokende water hang)


## Die koekies is in die mode

3 Eiers
250 gr Botter
125 ml Suiker
500 gr Meel
Klein bietjie bakpoeier

Metode: Rol uit en sny in lang skyfies.

lepel poeding

4 lepels meel
4 ... Suiker
4 ... Botter
4 ... jam
4 eiers, wit x geel apart
klits die geel goed met die Suiker &
Botter, dan die jam en meel. dan die
wit van die eier, laaste 1 tee lepel bakpoeier
eet met n wyn sous. dit word 3 uurge
kook. in n doek of vorm

die koekies is in die Mode
3 eiers. ½ pond Botter ½ lb Suiker
1 pond meel, klein bietje Bakpoei
lol uit x sny in lang skyfies.

46

# Lint koek

125 ml Botter of vet
1 en 1/4 koppie Suiker
3 Eiers
5 ml Vanielje ekstrak
2 en 1/4 koppie Fynmeel
15 ml Bakpoeier
20 ml Sout
2/3 koppie Melk
75 gr Ongesuikerde sjokolade of 1/3 koppie kakao
15 ml Water

Metode: Maak botter en suiker eers sag romerig, roer die
geklitste eiers en vanielje in, voeg by die sout, bakpoeier
en meel met melk om die beurt. Verdeel die deeg, roer
die gesmelte sjokolade en 1 lepel water by die helfte,
smeer 'n pan en skep met die lepel die twee kleure daar
in, om gestreep te wees. Bak in stadige oond vir omtrent
1 uur. Smeer oor met sjokolade glasuur.

Raat ver Bloed ver gifting
gooi 'n pakkie Epsensout in 'n kom met
warm water, hou die wond daar in en
baai die plek met 'n warm kompres van
die epsensout water.

½ koppie botter of vet.
1¼ " Suiker
3 eiers
1 tee lepel Vanilla Ekstrak
2 en ½ koppie fynmeel.
3 tee lepels Royal Bakpoeier.
¼ tee lepel sout
⅔ koppie melk, 2 onse ongesuikerde
Sjokolade of ⅓ koppie Kakao.

maak botter en suiker eers sag roer
roer die geklitste eiers en vanilla in
voeg by die sout bakpoeier, ~~sout~~ en meel
met die melk om die beurt, verdeel
die deeg, roer die gesmelte sjokolade
en 1 lepel water by die helfte, smeer
'n pan en skep met die lepel die twee
kleure daar in, om ge streep te wees,
bak in stadige oond ver omtrent 1 uur
smeer oor met sjokolade glasuur.

# Tertjies

5 koppies Meel
500 gr Botter
3 Eiers
20 ml Bakpoeier
5 ml Suurlemoensap
1 en 1/2 koppie Suiker
Appelkooskonfyt

Metode: Rol uit en druk af en sit in kolwynpannetjies. Sit
1/2 teelepel appelkooskonfyt in elkeen.


Bo-vulsel van tertjies:
2 koppies Meel
5 ml Bakpoeier
3 Eiers
3/4 koppie Suiker
15 ml Botter
Melk
1 koppie Klapper (opsioneel)

Metode: Meng al die bestanddele met 'n bietjie melk. Sit
'n lepel van die deeg op die appelkooskonfyt. Die klapper
kan ook ingesit word.

Tertjies

5 Kop. meel
1 lb. Botter
3 eiers
4 tee lepels bakpoeier
1 tee lepel suurlemoen sap.
1½ kop suiker
Rol uit en druk af en sit in Kolwyn
pannetjies sit 'n ½ tee lepel
appel koos konfyt in elkeen.

## Bo vulsel van tertjies

2 Kop meel
1 tee lepel bakpoeier
3 eiers
¾ kop. suiker.
1 eetlepel botter
melk om deeg aan te maak
Sit 'n tee lepel van die deeg op appel koos
konfyt. 1 Kop Klapper Kan ook in
gesit word

## Kleinkoekies

8 koppies Meel
2 koppies Bruismeel
20 ml Bakpoeier
2 koppies Vet of botter
4 Koppies Suiker
5 ml Sout
20 ml Vlugsout
Vanilla ekstrak
Appelkooskonfyt

Metode: Maak aan met melk of water, sit appelkooskonfyt
op een en sit 'n ander een bo-op en bak. As vlugsout
uitgelaat word, neem 40 ml bakpoeier.

## Soetkoekies (1)

9 koppies Meel
4 of 6 Eiers
3 koppies Suiker
70 ml Bakpoeier
2 koppies Vet of botter
10 ml Vlugsout

Metode: As die deeg slapperig aangemaak is, kan bietjie
klapper ingesit word en die deeg met 'n teelepel in die
pan gesit word. Gooi klapper en suiker bo-oor.

# Klein koekies

8 koppies meel, 2 koppies
self raising flour, 4 teelepels
bakpoeie, 2 koppies vet of
botter, 4 koppies suiker, 1 tee-
lepel sout, 4 teelepel vlug sout,
bietjie essens, maak aan met
melk of water, sit appelkoos
konfyt op een en sit 'n ander ee-
ter op en bak. as dit nou dik
laat word neem 8 tee lepels bakpoei

## Soet koekies.

9 koppies meel, 4 + 6 eiers, 3 koppie
suiker, 8 + 6 teelepel bakpoeie,
koppies vet of botter, + 2 teelepel
vlug-sout, 2 teelepel vanilla
essens. as die deeg slapperig aan-
maak is, kan bietjie koffie hier gesit
word en die deeg stif in te lepel in die kom
ook uit brood, gooi klappe, en suiker bo oor

Nota van ouma Sarie aan haar skoonsuster tannie Catrina.  Sy het ook bekend gestaan as tant Katoo.  Sy was die vrou van oupa Daan se broer Piet Swanepoel wat op die buurplaas geboer het.  Hulle huis was stap-afstand van oupa Daan se huis.



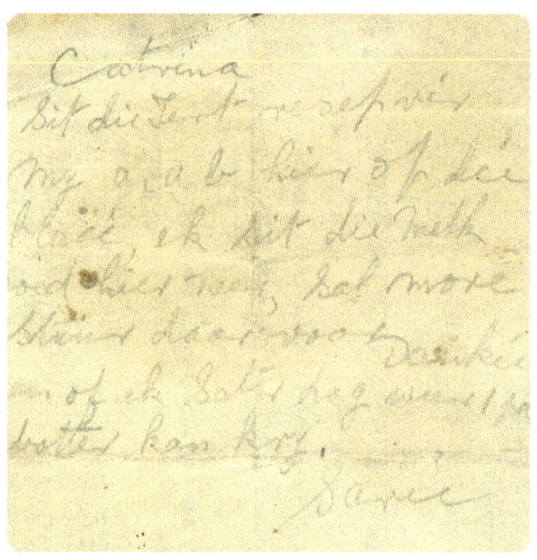

1 koppie Room       1 koppie Botter
3 koppies Meel      2.5 ml Sout

Metode: Vryf die botter en sout in die meel in, maak aan met die koppie room. Smeer die eier se geel en wit effens geklits met melk so om die binnekant langs en bo-oor. (Dit lyk eerder na 'n tertkors resep as 'n tert resep, maar dalk het 'n deel daarvan verlore gegaan)

1 Koppie room
1  "  botter
3  "  meel
½ Telepel sout.
vryf die botter en sout in die meel in.
maak aan net met die koppie room.
smeer die eier se geel en wit effens geklits met
melk so om die binne kant langs en bo-oor

Die ander kant van die papier waarop tant Katoo die
resep geskryf het was 'n kennisgewing van 'n veiling.

Oupa Fanie op Vredehof, ongeveer 1949

# MARKOTTER, VAN DER WALT & BORNMAN VEILINGS

## AFSLAERS, TAKSATEURS EN BOEDELBEREDDERAARS

Posbus 11
Kerkstraat 37-39
PRINS ALBERT

AGENTE VIR

Telefoon 4
(Na-ure: 73 en 124)
PRINS ALBERT

Vooraanstaande Lewens-, Brand- en Ongevalle-assuransiemaatskappye
Verkoop van Plase, Dorpseiendomme en Lewendehawe
Konsultante vir Belegging van Fondse

PRINS ALBERT VEEVEILING

Ons volgende veeveiling te Prins Albert vind plaas op

WOENSDAG, 20 SEPTEMBER 1967

om 10-uur voormiddag

(elke derde Woensdag van die maand)

SOVER 780 SKAAP EN BOKKE EN 15 SLAGBEESTE INGESKRYWE:

SKAAP (780):

| | |
|---|---|
| 100 groot merinohamels | 70 swaar afrikaners |
| 50 groot basters | 60 basterlammers |
| 12 uitsoekmerinos | 40 groot swaar hamels |
| 50 merinohamels en ooie | 40 groot afrikaners |
| 110 uitsoekmerinohamels | 40 basterlammers |
| 30 basters | 25 dorperlammers |
| 12 uitsoekafrikaners | 40 basters |
| 100 groot dorpers | |

EN OOK:

5 kudderamme (geteel uit Minnaar & Jordaan-stoet)

BEESTE (15):

15 slagbeeste

Verdere inskrywings is belowe en word verwag.

---ooOoo---

TEN BEHOEWE VAN MNR. F.N.J. LE ROUX (SNR.):

1963 Zephyr motorkar,
Mylafstand: 43,000 myl;
Padwaardigheidsertifikaat word verskaf.

TJAART VAN DER WALT
AFSLAER EN GESWORE TAKSATEUR

# Appelkooskonfyt koekies

5 koppies Meel
2 koppies Suiker
30 ml Appelkooskonfyt
250 gr Kunsbotter/Margarine
10 ml (Koek)soda uitgekook in melk
Knypie sout

Metode: Klits suiker en vet tot room. Voeg konfyt by. Voeg
dan soda en meelblom by en bietjie melk.


# Soetkoekies (2)

10 koppies Meel
45 ml Bakpoeier
250 gr Kunsbotter/Margarine
250 gr Botter
6 Eiers
4 koppies Suiker
Knypie sout

## Appelk. Konfyt Koekies

5 Kop. meel
2 „ suiker
2 groot tafellepels appelk. Konfyt
½ lb. Margarine
2 teel. soda uitgekook in melk
Knypie sout

Klits suiker en vet tot room.
Voeg Konfyt by. Voeg dan soda
en meelblom by & bietjie melk

## Soetkoekies

10 Kop meel
9 teel. B.P
2½ lb. Margarine
½ lb. botter
6 eiers
4 kop. suiker
Knypie sout

## Lekker Soet Koekies

5 koppies Meel
2 koppies Suiker
1 koppie Botter
5 Eiers goed geklop
1 koppie Appelkooskonfyt
25 ml Bakpoeier

Metode: Maak aan met melk

## Gemmerkoekies

1 kg Meel
500 gr Geel suiker
250 gr Goue stroop
1 pakkie Koeksoda
45 ml Fyn gemmer
4 Eiers goed geklop
500 gr Vet of botter

Metode: Die botter of vet moet in die meel gevryf word.
Die stroop word met warm water gesmelt, nie te veel
water nie. Die mengsel moet baie styf wees. Bak
volgende dag in matige oond.  Dit brand maklik.

## Botterkoek

125 ml Botter                1 koppie Suiker
2 Eiers                      125 ml Melk
375 ml Fyn meel              10 ml Bakpoeier
2.5 ml Vanielje ekstrak

MEMO

### Lekker Soet Koekies

5 Kop. meel  2 kop. suiker
1  "    botter 5 eiers  goed geklop
1  "    appelKK. 5 teel. B.P.
Maak aan met melk

### Gemmer Koekies

4 lb fyn meel  2 lb geel suiker
1  "   goue stroop  , Pakkie Koeksoda
3 eetl. fyn gemmer  4 eiers goed geklop.
1 lb vet. moet in die meel gewryf
word. Die stroop word met warm
water gesmelt, nie te veel water nie
Die mengel moet baie styf wees.
Bak volgende dag in matige
oond. Dit brand maklik.

### Botter Koek

½ Kop botter  1 Kop suiker  2 eiers
½  "   meel  1½ kop fyn meel  2 teel B.P.
½ teel Vanilla.

## Sannies Koek

2 kg Meel
1 kg Suiker
5 Eiers
1 koppie Botter of vet
1 pakkie Koeksoda
1 pakkie Kremetart

Metode: Maak styf aan met melk


## Skurwe Jantjies

Hierdie resep is reeds op bladsy 9 opgeskryf.


## Klein Koekies

Hierdie resep is reeds op bladsy 51 opgeskryf.

**THURSDAY 2 DONDERDAG**

Sannies Koek.

4 lb fyn meel 2 lb suiker 5 eiers
1 kop botter of vet 1 Pakkie soda 1 Pak. kruustei
Maak styf aan met melk.

Skurwe Jantjies.

2 kop meel 2 kop Klapper 2 kop Aats
2 eiers 3 eetl gom stroop 1 groot teel. soda
½ kop botter 1 kop suiker.

Klein Koekies.

**FRIDAY 3 VRYDAG**

8 kop meel 2 kop. selfraising
4 teel. B.P. 2 kop vet of botter.
4 kop suiker 1 teel. sout 4 teel vlugsout
Bietjie essens. Maak aan met
melk of water Sit appelkonfyt
op en en sit 'n ander een bo-op
en bak.

## Pannekoek

1 en 1/2 koppie Meelblom
3 Eiers
7 ml Bakpoeier
Knypie sout
45 ml Brandewyn
45 ml Gesmelte botter
2 koppies Melk

## Gemmerbier (2)

5 bottels (3.75 l) Koue water
3 koppies Suiker
1 koekie Suurdeeg
1 botteltjie Jamica gemmer

Ouma Sannie en Oupa Fanie het graag gekamp

Pannekoek.
1½ Kop. meelblom 3 eiers 1½ tel B.P.
Knypie sout 3 eetl. brandewyn 3 eetl.
gesmelte botter 2 Kop melk.
Gemmerbier
5 bot. koue water 3 Kop suiker
1 koekie suurdeeg 1 botteltjie Jamaica gemmer

## Soetkoekies (3)

9 koppies Meel
6 Eiers
3 koppies Suiker
30 ml Bakpoeier
2 koppies Vet of botter
10 ml Vlugsout
10 ml Vanielje ekstrak


## Spaanse Koek

125 ml Botter of vet
1 koppie Suiker
2 Eiers
1 en 3/4 koppie Fyn meel
15 ml Bakpoeier
5 ml Fyn Kaneel
125 ml Melk

Metode: Werk Eers die botter deur tot dit sag is. Roer dan
suiker en geel van die eiers in. Klits goed deurmekaar. Sif
die fyn meel, bakpoeier en kaneel saam en roer dit in om
die beurt met 'n bietjie melk, vou die droog geklitse wit
van die eiers laaste in. Bak in 'n gesmeerde vorm in 'n
matige oond (350 °F) 35 tot 40 minute. Smeer oor met
gekookte glasuur.

LEES „DIE LANDSTEM"—DIE HELE VOLK SE KOERANT.
POSBUS 90, KAAPSTAD.   TELEFOON NO. 2-5191.

## JANUARY 1958 JANUARIE

### SUNDAY 5 SONDAG

Soetkoekies

9 Kop. meel 6 eiers 3 kop suiker
6 teel. B.P. 2 kop. vet of botter.
2 teel. vlugsout 2 teel. vanilla essens

Spaanse Koek

½ Kop. botter of vet 1 Kop. suiker
2 eiers 1¾ kop fyn meel 3 teel. B.P.
1 teel. fyn Kaneel ½ kop melk.
Werk eers botter deur tot dit sag is.

### MONDAY 6 MAANDAG

Roer dan suiker en geel van eiers
in. Klits goed deurmekaar. Sif die
fyn meel, B.P. en Kaneel saam en
roer dit in oor die beurt met
'n bietjie melk, voeg die droog-
geklitse wit van die eiers
laaste in Bak in 'n gesmeerde
vorm in 'n matige oond (350°)
35 tot 40 min. Smeer oor met
gekookte glasuur.

This page kindly sponsored by
Poppe, Schunhoff & Guttery Limited, Cape Town.

# Plumpoeding

Dit is die identiese resep soos opgekryf deur ouma Sarie
op p.15.


# Bobotie

1 kg Gemaalde vleis
1 dik sny Brood (geweek in 1 koppie melk)
2 middel matige Uie in skyfies gesny
15 ml Suiker
30 ml Kerrie
30 ml Asyn
30 ml Botter
15 ml Sout

Metode: Braai die uie in die botter, voeg die kerrie, sout
dan suiker, asyn en vleis by.

(Die resep is nie voltooi nie, maar behoort ongeveer as
volg te lees: Skep die gaar vleis mengsel in 'n skottel en
klits 2 eiers met 125 ml melk om bo-oor te gooi. Druk 'n
paar lourier blare in die mengsel en bak vir 45 min teen
350°F.)

LEES „DIE LANDSTEM''—DIE HELE VOLK SE KOERANT.
POSBUS 90, KAAPSTAD.   TELEFOON NO. 2-5191.

**JANUARY 1958 JANUARIE**

**TUESDAY 7 DINSDAG**

Plumpoeding.

4 kop. fyn meel

2 eetl. botter of vet  1 kop rosyne

1½ kop. suiker  2 of 3 eiers.

½ ~~kop~~ pakkie soda, 1 kop appelkonfyt

Die sous: Neem kookwater suiker sit
in aspesrye na smaak kook i
goeie ruk. Kan ook bietjie blazena
byvoeg ook i lepel wyn na smaak.

**WEDNESDAY 8 WOENSDAG**

Bobotie

2 lb gem. vleis 1 dik sny brood.
geweek in 1 kop melk 2 middelmatige
in stybies gesnyde uie 2 eiers
1 doorlepel suiker 2 eetl korrie
2 eetl asyn 2 eetl. botter.
Braai uie in botter, voeg korrie,
1 eetl sout, dan suiker, asyn en vleis
by.

# Souskluitjies met sous

100 ml Meel
30 m Botter
30 ml Melk
15 ml Bakpoeier
2 Eiers
Knypie sout

Metode: Smelt die botter, roer dan die goed geklopte
eiers daarin. Meng die droë bestandele goed en roer dan
die deegmengsel vinnig. Kook 4 koppies water in 'n
kastrol en terwyl…

Vredehof (Foto: Leon Martin)

*Souskluitjies met sous.*
*1 eetl. meel  2 eetl. botter*
*2 eetl. melk, 1 dessertlepel B.P.*
*2 eiers  Knypie sout.*
*Smelt die botter, roer dan die goedjies*
*eiers daarin. Meng droë best. goed en*
*roer dan die deeggemengsel innig. Kook 4*
*koppies water in 'n kastrol en terwyl*

---

…dit kook skep die deegmengsel teelepel-gewys daarin
om die kluitjies te vorm. Sit dan die deksel en moenie
afhaal nie want die water moet gedurig kook. Laat kook
vir 10 minute. Skep dan die kluitjies met 'n lepel in 'n
skottel.  Maak die kastrol heel leeg.


Sous
1 koppie Suiker
15 ml Botter
1 Eier
1 en 1/2 koppie Melk
Kaneel

Metode: Meng die suiker en goed geklitse eier saam met
die gesmelte botter, voeg dan die melk daarby en bring dit
tot kookpunt. Roer gedurig. Voeg die pypkaneel by
volgens smaak en gooi bo-oor die kluitjies.

## JANUARY 1958 JANUARIE

### SUNDAY 12 SONDAG

dit kook skep die deegmengsel teelepel-
gewys daarin om die kluitjies te
vorm. Sit dan die deksel op en
moenie aflaal nie want die water
moet gedurig kook. Laat kook vir
10 min. Skep dan die kluitjies met
'n lepel in 'n skottel. Maak
die kastrol heel leeg.
Sous. 1 koppie suiker 1 eetl. botter

### MONDAY 13 MAANDAG

1 eier 1½ kop melk. Meng die suiker
en goedgeklitse eier saam met die
gesmelte botter voeg dan die melk
daarby en bring dit tot kookpunt
roer gedurig. Voeg pypkaneel by
volgens smaak Gooi so-oor kluitjies

Kook sykouse in 'n oplossing van flou tee en almal het
dan dieselfde kleur.

## Slapkoek

8 koppies Meel
4 koppies Suiker
8 Eiers
4 koppies Melk
125 gr Botter
40 ml Bakpoeier

Metode: Klits die wit van die eiers apart.  Klits dan die
botter en suiker saam, klits dan die eier-gele en dan die
melk in.

## Marie Beskuitjies

500 gr Meelblom
1 koppie Suiker
1/2 teelepel Koeksoda
3/4 koppie Melk
250 gr Botter
Knippie Sout

Metode:…

**TUESDAY 14 DINSDAG**

Kook sykouse in 'n oplossing van flou tee en almal lyk dan dieselfde kleur.

---

### Slapkoek

8 Kop. meel 4 Kop. suiker
8 eiers 4 Kop. melk ¼ lb botter
8 teel. B.P.
Klits wit apart. Klits botter + suiker saam. Dan eiergele dan

**WEDNESDAY 15 WOENSDAG**

melk.

### "Marie Beskuitjies

1 lb meelblom
1 Kop. suiker
½ teel. Koeksoda.
¾ Kop. melk.
¼ lb. botter
Knippie sout.

Metode: Vryf die botter in die meelblom, meng die
koeksoda, suiker en melk by mekaar en kook dit tot dit
skuim, otrent 4 of 5 minute, roer dit sodat dit nie skroei
nie, haal dan af van die stoof en laat dit afkoel. Meng dan
die meelblom wat met die botter gemeng is. Rol die deeg
uit en sny dit met 'n beskuitjiesnyer.  Bak nou in 'n koel
oond tot dit geel is. Vanielje kan ook bygevoeg word as u
dit verlang.


## Lemoen Botterkoek

250 gr Botter
1 en 1/2 koppie Suiker
2 en 1/4 koppie Meelblom
Knippie Sout
3 Eiers
45 ml Bakpoeier
Sap en gerasperde skil van 1 lemoen
3/4 koppie Melk

Metode:…

**THURSDAY 16 DONDERDAG**

Vryf die botter in die meelblom, meng die soda, suiker en melk by mekaar en kook dit tot dit skuim omtrent 4 of 5 min. roer dit sodat dit nie skroei nie, haal dan af van stoof en laat dit afkoel. Meng dan die meelblom wat met die botter gemeng is. rol die deeg uit en sny dit met 'n koekietjiesnyer. Bak nou in 'n koel

**FRIDAY 17 VRYDAG**

oond tot dit geel is. Vanilja kan ook bygevoeg word as u dit verlang.

Lemoen Botter Koek.
¼ lb botter    1½ Kop. suiker
2¼ Kop. meelblom    Knippie sout
3 eiers    3 eetl Royal Bakp,
sap en geraspde skil van
1 lemoen    ¾ Kop. melk

…Metode: Room die botter en voeg die suiker by, 'n bietjie op 'n slag, voeg dan die eiers by, een-vir-een, en klits deeglik na elke eier. Voeg dan die gerasperde skil en sap by en dan die droë bestandele asook die melk, ook 'n bietjie op 'n slag tot dit alles bymekaar gevoeg is. Bak in 2 …

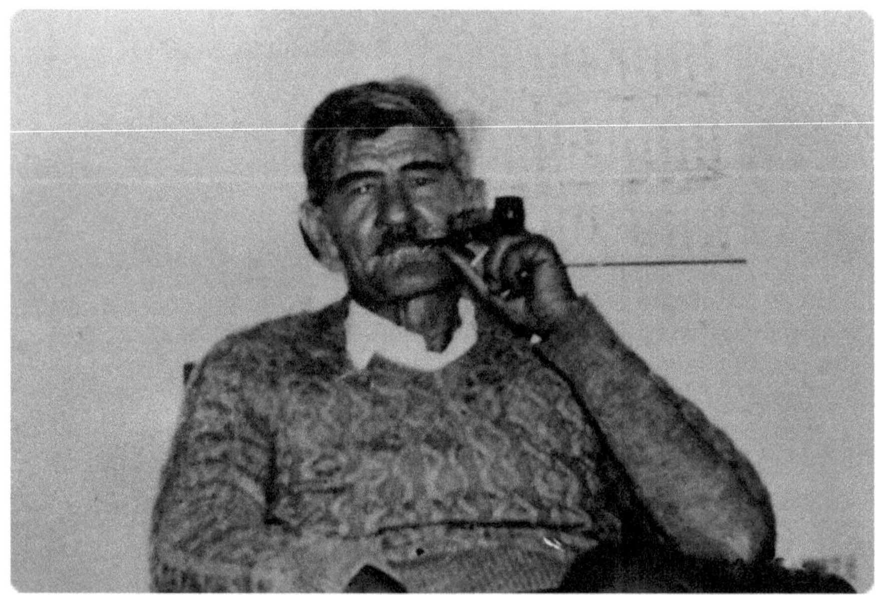

Oupa Daan

**JANUARY 1958 JANUARIE**

**SATURDAY 18 SATERDAG**

Room die botter en voeg die suiker
by, in bietjie op 'n slag, voeg dan
die eiers by, en roer en klits
deeglik na elke eier. Voeg dan die
grasperde skil en sap by en dan die
droë bestanddele asook die melk,
ook 'n bietjie op 'n slag tot dit
alles bymekaar gevoeg is. Bak in 2

…lae (laag) panne in 'n oond van 375°F vir 25 tot 30
minute en sit die volgende versiersel op asook tussen die
koeke:


Omtrent 60 ml sagte botter
Sap van 1/2 lemoen
Omtrent 2 koppies versiersuiker

Metode: Klop die botter tot dit glad is, en voeg dan die
suiker in, bietjie op 'n slag, en voeg dan die lemoensap
by. Smeer dit tussen die lae en versier bo asook die kante
daarmee.


## Gebakte Mariebeskuit poeding

1 pakkie Marie beskuitjies
2 Eiers
15 ml Botter
500 ml Melk
1 koppie Suiker
1 koppie Droë wyn, Sjerrie of vrugtesap of water om…

LEES „DIE LANDSTEM"—DIE HELE VOLK SE KOERANT.
POSBUS 90, KAAPSTAD.   TELEFOON NO. 2-5191.

**JANUARY 1958 JANUARIE**

**SUNDAY 19 SONDAG**

lae panne, in 'n oond van 375°F
vir 25 tot 30 min. en sit die
volgende versiersel op asook tussen
die koeke.

Botter versiersel.
Omtrent 4 eetl. sagte botter sap van
in ½ lemoen en omtrent 2 kop.
versiersuiker
Klop die botter tot dit glad is,

**MONDAY 20 MAANDAG**

voeg dan die suiker by in
bietjie op 'n slag en voeg dan
die lemoensap by. Smeer
dit tussen die lae en
versier lo asook kante daarmee
Gebakte Marie beskuit Poeding
1 pakkie Marie beskuitjies.
2 eiers 1 eetl. botter 1 Pint Melk
1 kop. suiker, droë wyn, sjerrie,
of vrugtesap of water om

… beskuitjies te week en gekapte neute. Smeer 'n vuurvaste skottel met botter. Plaas 'n laag beskuitjies onder in die bak. Gooi 'n bietjie wyn oor om te week. Strooi nou effentjies suiker oor en dan gekapte neut. Plaas dan hier-en-daar stukkies botter. Nou weer, suiker ensovoorts. Die boonste laag moet beskuitjies wees. Klits nou die res van die suiker en eiers goed. Roer die melk by. Gooi die mengsel oor die poeding. Bak 30 minute in 'n matige oond.

Ouma Sannie op haar troudag

LEES „DIE LANDSTEM"—DIE HELE VOLK SE KOERANT.
POSBUS 90, KAAPSTAD.   TELEFOON NO. 2-5191.

## JANUARY 1958 JANUARIE

### TUESDAY 21 DINSDAG

beskuitjies te week, gekapte neute
Smeer in vuurvaste skottel met
botter. Plaas 'n laag beskuitjies
onder in die bak. Gooi 'n bietjie
wyn oor om te week. Strooi
nou effentjies suiker oor en dan
gekapte neute
Plaas hier en daar stukkies
botter. Nou weer beskuitjies,

### WEDNESDAY 22 WOENSDAG

suiker ens. die boonste laag
moet beskuitjies wees. Klits
nou die res van die suiker en
eiers goed. Roer die melk by.
Gooi die mengsel oor die poeding.
Bak 30 minute in 'n matige
oond.

# Ryspoeding

1 koppie Rys
1 koppie Water
1 koppie Ingelegde pynappelsap (hou die stukkies
    pynappe apart)
1 koppie Room
Versuikerde kersies
1 Piesang
1/2 koppie Suiker
1/2 teelepel Sout

Metode: Voeg die rys, water en pynappelsap en sout
bymekaar en kook dit gaar.  Voeg stukkies pynappel en
kersies daar by en laastens die piesang (seker fyn gedruk
met 'n vurk). Dan word die room en suiker ingeklits.  Bak
totdat dit effens bruin word.


# Dadelpoeding

250 gr Dadels
1 Eier
1 koppie Klapper
250 ml Melk

Metode: Snipper die dadels en plaas in botter gesmeerde
pastei-skottel, asook die klapper, klits die eier deeglik en
voeg die melk by. Gooi die mengsel oor datels en klapper.
Bak sowat…

LEES „DIE LANDSTEM"—DIE HELE VOLK SE KOERANT.
POSBUS 90, KAAPSTAD.   TELEFOON NO. 2-5191.

## JANUARY 1958 JANUARIE

### THURSDAY 23 DONDERDAG

Ryspoeding.

Voeg 1 Kop. rys, 1 Kop water
1 Kop. ingelegde pynappelsap en in
halwe teel. sout bynetaar
kook dit gaar. Voeg stukkies
pynappel en versuikerde kersies
daarby en laastens 1 Piesang.
Dan word 1 Kop. room en $\frac{1}{2}$
Kop, suiker ingeklits. Bak totdat

### FRIDAY 24 VRYDAG

dit effens bruin word.


Dadelpoeding.

$\frac{1}{2}$ lb datels 1 eier 1 Koppie
Klapper, $\frac{1}{2}$ pint melk.
Snipper datels en plaas in botter-
gesmeerde pasteiskottel, asook die
Klapper, Klits eier deeglik en
vroeg melk by. Gooi mengsel oor
datels en Klapper. Bak sowat

… 20 minute in matige oond.  Dis baie lekker warm of koud.

## Datelbrood

2 en 1/2 koppie Meelblom
5 ml Vanielje ekstrak
5 ml Bakpoeier
100 ml Botter
Knypie sout
250 ml Kookwater
350 gr Datels
5 ml Koeksoda
1 koppie Suiker
2 Eiers

Metode:…

Ouma Sannie met haar twee Seuns: Marinus en Danie
Ongeveer 1961

20 min. in matige oond. Dis
baie lekker warm of koud.
<u>Datelbrood</u>
2½ Kop. meelblom      1 teel. Vanilje
1 teel. B.P.                 3 onse botter
¼ teel. sout               1 Kop. Kookwater
¾ lb datels.               1 teel. Koeksoda.
1 Kop. suiker    2 eiers.

…Metode: Meng die versnipperde datels, kookwater en soda en laat dit koud word. Sif meelblom en bakpoeier en sout en vryf die botter in. Voeg die suiker by en datel mengsel en vanielje.  Klop die eiers baie goed en meng. Bak in 'n broodpan teen 350°F

## Gemmerpoeding


1/2 koppie Suiker
15 ml Asyn
Knippie Sout
1 koppie Kookwater

Metode: Meng alle bestandele.

Maak solank die poeding aan solank dit afkoel.


1 koppie Meel
5 ml Koeksoda
…

### SUNDAY 26 SONDAG

Meng die versnipperde dates,
Kookwater en soda en laat dit
koud word. Sif meelblom, B.P.
en sout en vryf botter in.
Voeg suiker by en datelmengsel
en Vanielje. Klop eers baie
goed en meng. Bak in broodpan
350 grade.

### MONDAY 27 MAANDAG

Gemmerpoeding
          Stroop
½ kop suiker   1 eetl. asyn.
Knippie sout. 1koppie Kookwater.
Maak alle best; maak solank
die poedingdeeg aan solank dit
afkoel.
Poeding. 1 kop meel, 1 tal. soda

3 ml Gemmer
1/2 koppie Warm gesmelte botter
30 ml Konfyt of goue stroop

Metode: Meng alle bestandele in 'n bak en sit lepel vir
lepel stroop in. Bak in 'n matige oond vir 45 minute.
Hierdie resep is heerlik vir 'n koue dag.


## Reënboog koekies

2 koppies Meel
15 ml Bakpoeier
Knypie sout
1/3 koppie Botter
3/4 koppie Suiker
2 Eiers
15 ml Kakao
5 ml Vanielje ekstrak
Bietjie cochineal

Metode:…

## JANUARY 1958 JANUARIE

### TUESDAY 28 DINSDAG

½ teel of gemmer. ½ kop warm gesmelte botter 2 eetl. Konfyt of stroop.

Meng alle best. in 'n bak en sit lepel vir lepel stroop in. Bak in matige oond vir ¾ uur

Hierdie resep is heerlik vir 'n koue dag.

Reënboog Koekies

### WEDNESDAY 29 WOENSDAG

2  kop. meel
3  teel. B.P.
¼  teel. sout.
½  kop botter
¾  „  suiker
2  eiers
3  teel. Kakoa.
1  teel. Vanilla geursel
Bietjie cochineal.

Metode: Klop botter en suiker baie goed tot room. Voeg eiers een-vir-een by. Voeg by vanielje geursel en klop goed. Sif meel, bakpoeier en sout.  Voeg saam met boonste mengsel, as dit te styf is kan u 1 of 2 eetlepels melk byvoeg.  Deel die deeg in drie dele.  Sit elke deel in 'n ander bak. Sit cochineal in een, los een wit, en maak kakao met bietjie melk aan meng met die ander deel. Sit 'n teelepel van elk in 'n papier bakkie sonder om dit te laat meng.  Bak in 'n matige oond vir 15 minute. Wanneer dit koud is kan u dit versier met verskillende kleure.

Vredehof (Foto: Leon Martin)

**THURSDAY 30 DONDERDAG**

Klop botter en suiker baie goed
tot room.
Voeg eers een vir een by
Voeg by Vanilla geursel en Klop
goed.
Sif meel, B.P. & Sout
Voeg saam met boonste
mengsel, as dit te styf is kan
u 1 of 2 eetl. melk byvoeg.

**FRIDAY 31 VRYDAG**

Deel die deeg in drie dele.
Sit elke deel in 'n ander
bak. Sit coch in een, los
en put en maak Kakoa met
'n bietjie melk aan en meng
met ander deel. Sit in teel dan
elk in papierbakkies sonder om dit
te laat meng. Bak in matige
oond in 15 min. Wanneer dit koud
is Kan u dit versier met versk.

Kleur

# Ryskluitjies

2 koppies Gekookte rys
60 ml Meelblom
10 ml Bakpoeier
10 ml Gesmelte botter
2 Eiers
Sout na smaak
125 ml Suiker
10 ml Fyn kaneel

Metode: Meng al die bestandele behalwe die kaneel en suiker.  Skep kluitjies in 'n kastrol kookwater net genoeg
…

**FEBRUARY 1958 FEBRUARIE**

**SATURDAY 1 SATERDAG**

Ryskluitjies
2 kop. gekookte rys, 4 eetl. meelblom
2 teel B.P. 2 teel. gesm. botter
2 eiers, sout na smaak
½ kop. suiker 2 teel. fyn kaneel.
Meng al die best. behalwe die
kaneel en suiker Skep kluitjies
in 'n kastrol kookwater (net genoeg

… om die kluitjies toe te maak. Kook ses tot agt minute met die deksel op.
Skep met 'n lepel uit en sit in die skottel. Sprinkel kaneel en suiker bo-oor en skep hier-en-daar 'n stukkie botter oor.  Sit dadelik voor.


## Marinque poeding

1 en 1/2 koppie Bruismeel
3 Eiers geskei
3/4 koppie Suiker
3 eetlepel Botter of margarine
750 ml Melk
Appelkoos- of aarbeikonfyt
45 ml Strooisuiker
3 ml Bakpoeier
Sout

Metode: Klits die botter en suiker en voeg die gele by, laaste die mee.  Maak aan met water.  Bak in 'n matige oond.tot…

### SUNDAY 2 SONDAG

om die klinkies toe te maak
Kook ses tot ag minute
met die deksel af.
Skep met lepel uit en sit
in skottel Sprinkel kaneel
en suiker oor en skep
hier en daar 'n stukkie botter
oor dit dadelik voor.

### MONDAY 3 MAANDAG

Moringue poeding
Maak beslag van 1½ kop
bruinmeel, 3 eiergele
¾ kop. suiker 3 eetl. botter
of Margarine sout.
Klits meel en suiker en voeg
gele by, laaste die meel
Klaar aan met water
Bak in matige oond rolletjies en
toastie

… dit uitgebak is, haal uit en gooi dan die 750 ml melk bo-
oor.  Laat staan om in te trek en smeer dan appelkoos-
konfyt of aarbeikonfyt bo-oor.
Maak die marinque van die eierwitte as volg: Klop die
eierwitte, voeg vir elke wit 15 ml strooisuiker by en 'n
bietjie sout. Laaste die bakpoeier.  Bak in 'n matige oond
tot dit ligbruin is.  Bedien met vlae.

Ouma Sannie (Foto: Leon Martin)

**TUESDAY 4 DINSDAG**

uitgebak, haal uit en gooi dan
drie kop. melk bo oor. laat
staan om in te trek en smeer
dan met appelk. konfyt of
oobeikonfyt.
Maak Meringue van witte
as volg.
Klop. eiwitte, voeg in elke
wit elke eetl strooisuiker by

**WEDNESDAY 5 WOENSDAG**

en 'n bietjie sout.
Laaste in ½ teel. B.P. Bak in
matige oond tot ligbruin is.
Bedien met vlae.

# Soet koekies

12 koppies Meel
6 koppies Suiker
500 gr Botter of margarine
60 ml Bakpoeier
6 - 8 Eiers
1 pakkie Mix(ed) Spice
3 koppies Klapper (opsioneel)

Metode: Maak aan met dikmelk.  Kan 3 koppies klapper
ook bysit.


# Smelter koekies

500 gr Bruismeel
375 gr Suiker
250 gr Botter
3 Eiers

Metode: Vryf die botter en suiker in die meel en maak aan
met die eiers.  Maak bolletjies en rol in klapper of Post
Toasties.

### THURSDAY 6 DONDERDAG

Soet Koekies

12 kop meel. 6 kop sug.
1 lb Bottel of margarine
12 teelepols B Powier
6 of 8 eiers 1pk mixspice
maak aan met dik
melk. Kan 3 kop klappe
ook by sit.

### FRIDAY 7 VRYDAG

Smuller Koekies. ✓

1 lb. Self Raising flour.
3/4 „ suiker
1/2 „ botter
3 eiers. Vryf botter en suiker
in die meel en maak aan
met die eiers Maak bolletjies en
rol in klappe of Post Toasties

# Neute koekies

250 gr Okkerneute
5 ml Bakpoeier
1 Eier
125 ml Datels
250 ml Meelblom
125 gr Botter
125 ml Suiker

Metode: …

Uente koekies.
½ lb. Okkerneute
1 Teel. B.P.
1 eier
½ Kop. Datels
1 " meelblom.
¼ lb. botter
½ kop. suiker.

… Klop die botter en suiker tot room eb voeg dan die eier by en dan die neute en datels en laaste die meelblom en bakpoeier. Rol in Post Toasties en bak.

## Soet koekies

Hierdie resep is reeds op bladsy 99 opgeskryf

Ouma Sannie by die Ford Taunus, iewers in Namibië.
Ongeveer 1967

### SUNDAY 9 SONDAG

Klop botter en suiker tot room,
en voeg dan eiers by en dan
neute en dadels en laaste
meelblom en B.P. Rol
in P. Toastes en bak.

### MONDAY 10 MAANDAG

Soet Koekies

12 kop meel. 6 kop sug.
12 teelepels Bakpoeier
1 lb botter ½ lb vet.
6 of 8 eiers Klapper soveel
jy wil maak aan met
dik melk.

# Vinnige tert

30 ml Margarine
250 ml Meelblom
10 ml Bakpoeier
2 Eiers
Water of melk
Vanielje ekstrak


Metode: Vryf margarine in die gesifte meelblom, sout en
bakpoeier.  Meng met geklitse en water of melk tot 'n slap
deeg. Smeer 'n tertbord en bak in matige warm oond
(400°F). Smeer met enige jam en strooi met klapper en
bedien met vla.

### TUESDAY 11 DINSDAG

Suinig tert

2 eetl. Margarine
1 koppie meelblom
2 teel. B.P.
2 eiers
water & Vanilla

Vryf Margarine in die gesifte
meelblom, sout en B.P. Meng

### WEDNESDAY 12 WOENSDAG

met geklitste eiers & water of
melk tot 'n slap deeg.
Smeer in tartbord en bak in
matige warm oond 400 gr. Smeer
met enige jam en strooi met
klappes en bedien met vla.

# Mariebeskuit koek

1 pakkie Marie beskuitjies
125 gr Botter
125 gr Suiker
1 Eier
125 ml Datels of ander (droë vrugte)
125 ml Klapper of neute
30 ml Wyn

Metode: Smelt botter en suiker, voeg geklitse eier by en
laat gaar word.  Voeg vrugte en neute by en laat afkoel.
Voeg dan die wyn by en meng met beskuitjies wat
stukkend gebreek is.  Druk dit styf in die bak of pan wat
met papier gevoer is.  Plaas in die yskas.

**THURSDAY 13 DONDERDAG**

Marieskuit Koek.
1 Pakkie Marie Bis.
¼ lb. botter ¼ lb suiker
1 eier
½ Kop. datels of ander vrugte.
½ „ Klapper of neute
2 lepels myn.
Metode. Smelt botter + suiker,
voeg geklitze eier by en laat
gaar word. Voeg vrugte en neute

**FRIDAY 14 VRYDAG**

by en laat afkoel, Voeg
dan myn by en meng met
bisk. wat stukkend gebreek
is. Druk styf in bak of
pan wat met papier gevoer
is. Sit in yskas.

# (Tennis) beskuit laagkoek

2 en 1/2 pakkies Tennis beskuitjies
125 gr Botter
2 Eiers
1 en 1/2 koppie Versiersuiker
15 ml Koffie ekstrak
Lemoensap of wyn

Metode: Klop suiker en botter tot room. Voeg eiers een-
vir-een…

Ouma Sannie heel regs en Oupa Fanie links saam met
onbekende familie, ongeveer 1958.

**FEBRUARY 1958 FEBRUARIE**

**SATURDAY 15 SATERDAG**

Bis. Laaglaag.
2½ pak. Tennis Bis.
½ lb botter 2 eiers
1½ kop. versiersuiker
1 Dessertlepel Koffie essens
Lemoensap of wyn.
Metode klop suiker en botter
tot room Voeg eiers een vir

… by en klop baie goed. Voeg essens by. Week die beskuitjies in die lemoensap of wyn, pak in lae met vulsel tussen in en bo-oor.


## Malva lekker rol

250 gr Malva lekkers
1/4 koppie Kookwater
1/2 koppie Kondensed melk
125 ml Gekapte neute
125 ml Datels
2 en 1/2 koppie Fyn koekie krummels
Waspapier om 'n koekiepan mee te voer

Metode: Sny lekkers in kwarte en gooi water daaroor. Voeg melk, neute en datels by en dan die krummels. Strooi van die droë krummels op waspapier.  Skep die mengsel daarop en rol in 'n langwerpige rol. Sit in die yskas vir omtrent 2 uur.

### SUNDAY 16 SONDAG

eers by en klop baie goed.
Voeg essens by. Welk bietjie
in lemoensap, prik in lae
met vulsel tussen in en
bo-oor.

Malva lekker Rol.

½ lb Malva lekkers
¼ kop. Kookwater
½ " Kondensed melk

### MONDAY 17 MAANDAG

½ " gekapte neute
½ " dadels
2½ kop. fyn koekie krummels.
Metode. Sny lekkers in ½ te en
gooi water daaroor. Voeg melk,
neute en dadels by en dan
krummels. Strooi van die
droë krummels oor was-
papier. Skep die mengsel daarop
en rol in 'n langwerpige rol



sit in yskas in ontrent 'n uur.

# Ongebakte (Marie) beskuit koek

1 pak Marie beskuit
250 gr botter (gesmelt)
30 ml Kakao
250 gr Versiersuiker
2 Eiers
5 ml Vanielje ekstrak
Knippie sout

Metode: Sif suiker en kakao saam en meng met botter, geklitse eiers en voeg by asook die vanielje.  Breek die beskuitjies in stukke en druk styf in 'n bak.  Sit in die yskas om te stol.

**TUESDAY 18 DINSDAG**

Ongebakte Bis. Koek.

1 Pak Marie Bis.
½ lb. botter gesmelt
2 eet. Kakoa
1 lb. versiersuiker
2 eiers
1 teel. Vanilla. Bietjie sout.

Lig suiker en Kakoa saam

**WEDNESDAY 19 WOENSDAG**

en meng met botter, geklitse
eiers en voeg by vsook Vanie
Breek Bis. in stukke, meng
met suikermengsel en druk
styf in bak. Sit in yskas

# Groen vye konfyt

100 Groot groen vye
5 kg Suiker
22 liter Water
1 pakkie en 5 ml Koeksoda
Sout
3 - 4 Lemoene

Metode: Prik die vye met 'n breinaald en sny die stingels netjies. Sit oornag in water waarin een pakkie koeksoda opgelos is.

Kook op in skoon water met 10 ml sout en 5 ml koeksoda die volgende dag. Kook mooi sag, maar nie te sag nie net totdat 'n breinaald maklik daardeur steek.

Haal van die stoof af en gooi  in koue water. Maak 'n kruisie aan die onderkant. Druk die water goed uit en pak op 'n sif tot dat al die water uitgeloop het.

Kook 'n stroop van die 22 liter water en 5 kg suiker. Sit in 3/4 van die stroop…

**SUNDAY 23 SONDAG**

(Groen Vye konfyt.)

100 Groot Groen Vye
11 lb suiker
30 koppies water.

prik vye met 'n breinaald en sny stengels
netjies. Sit oornag in water waarin een
pakkie soda opgelos is. Kook op in skoon

**MONDAY 24 MAANDAG**

water met 2 teelepels sout en 1 teelepel
Soda, die volgende dag. Kook mooi sag.
Nie te sag nie tot dat 'n breinaald maklik
daardeur steek. Haal van stoof af en gooi
in koue water. Maak 'n Krassie van die
onder kant. Druk water goed uit en pak
op 'n sif totdat al die water uitgeloop
het. Kook stroop van 30 koppies water en
11 lb suiker. Sit in $\frac{3}{4}$ v/d stroop.

… Kook deur en gooi aanhoudend warm stroop by totdat alles by is. Kook tot goed deurgekook is. Kook totdat die stroop dik word. Voeg 3 - 4 lemoene by. Kook nog 'n paar minute. Laat oornag staan. Kook die volgende dag vinnig op en bottel warm.

Oupa Fanie en ouma Sannie as 'n jong paartjie, ongeveer 1951

**TUESDAY 25 DINSDAG**

Kook deur en gooi aanhoudend warm
stroop by totdat alles by is. Kook tot
goed deurgekook is. Kook totdat stroop
dik word. Voeg 3–4 Suurlemoene by.
Kook nog 'n paar minute. Laat oornag
staan. Kook volgende dag vinnig op
en bottel warm

**WEDNESDAY 26 WOENSDAG**

# Korslose sout-tert

250 gr Cheddar kaas
250 gr Spek
4 Eiers
2 en 1/2 koppie melk
2 rondvol teelepels Mostert
Sout en peper na smaak
1 Ui
Pieterselie
50 ml Meel

Ouma Sannie met kleinkinders, Marinus en Lisa-Marie
Desember 2014

**SUNDAY 29 SONDAG**

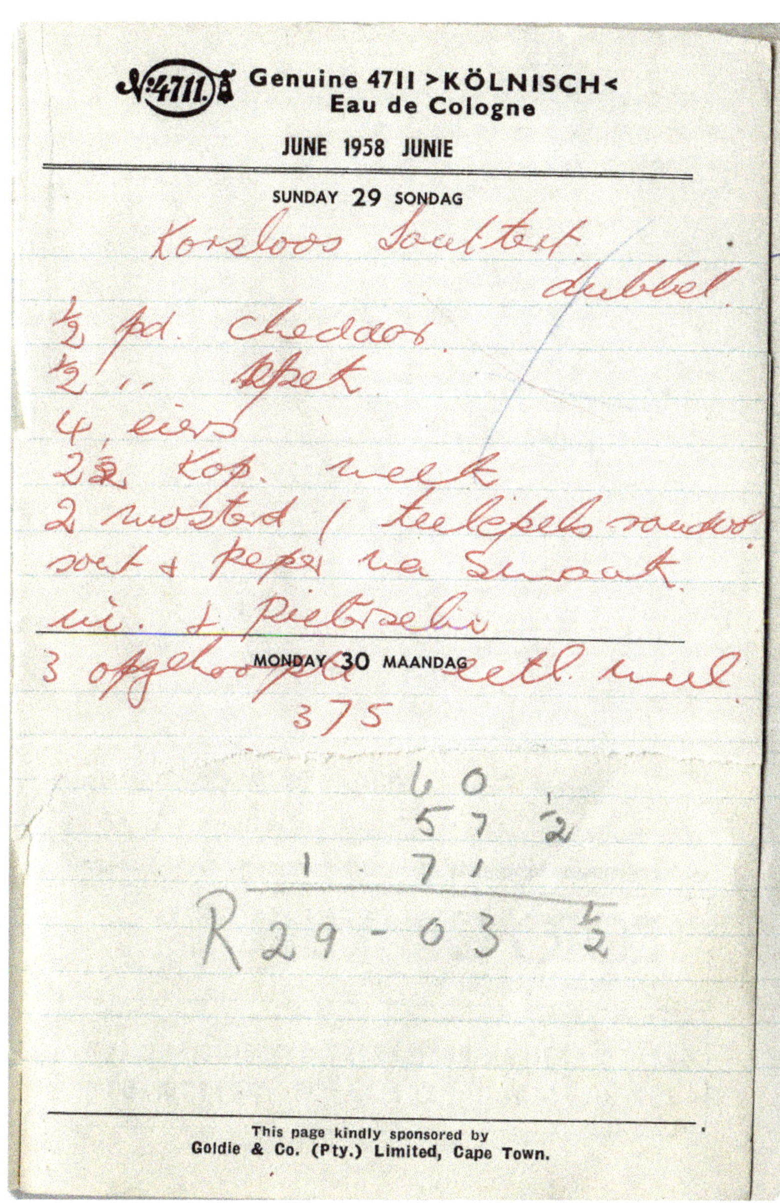


**MONDAY 30 MAANDAG**